# LE
# JOURNALISME

## DÉVOILÉ,

### PAR M. SAINT-FÉLIX.

Aujourd'hui, mais pourtant sans personnalité,
Je vois l'homme entraîné par la vénalité,
Chez qui toute pudeur est morte, ensevelie,
Qui du vase de honte a bu jusqu'à la lie.

## PARIS.
### CHEZ TOUS LES MARCHANDS DE NOUVEAUTÉS.

—

**1838**

IMPRIMERIE DE V$^e$ DONDEY-DUPRÉ,

Rue Saint-Louis, n$^o$ 46.

# LE JOURNALISME DÉVOILÉ.

Ceci n'est pas une satire ; ce n'est pas une diatribe, encore moins un pamphlet : c'est l'exposé des impressions bien douloureuses qui me tourmentent, alors que je vois échouer les plus généreuses résolutions contre l'écueil de l'égoïsme et de la personnalité. Dans ma longue carrière, j'ai eu mainte occasion d'apprécier la force de l'or ; mais je n'avais pas encore assez vécu pour me convaincre que tout sentiment de droiture et de probité doit mourir au pied de cette idole. Aujourd'hui que rien ne me laisse plus de doute à cet égard, je me crois, en ma qualité d'honnête homme, dans l'obligation d'émettre ma façon de penser sur le journalisme, puissance motrice qui serait souveraine des cœurs et des esprits, si elle-même n'était subordonnée à l'influence d'une magie plus despotique encore. Je ne veux point, sans doute, indiquer toutes les pauvretés de la plus riche des institutions humaines ; je m'estimerai trop heureux déjà, si, en mettant le doigt sur tant de plaies, je ne trouve pas des corps trop gangrenés encore pour ne point tressaillir au moins des piqûres que je pourrai leur faire. Afin d'atteindre ce but, je crois nécessaire d'entrer d'abord dans quelques détails sur les commencemens et les progrès de la *Presse périodique.*

Avant la première révolution, il n'existait en France que des feuilles quotidiennes ou mensuelles, consacrées à la littérature, aux sciences et au récit des événemens civils qui se passaient dans la capitale et dans les provinces. Toutes ces feuilles, éditées avec privilége, étaient plutôt des almanachs que des journaux. Ce n'est réellement qu'à l'instant où naquit la République, que la presse périodique prit cet essor qui, de jour en jour, dut acquérir une nouvelle extension. Comme un pupille

trop long-temps retenu dans les entraves de l'autorité pater-
nelle, du moment qu'elle eut brisé ses chaînes, elle se livra à
toutes sortes d'écarts et de débordemens. Ce fut alors que sor-
tirent tous ces imprimés incendiaires qui, à l'instar des lettres
éminemment patriotiques du révérend père Duchêne, portèrent
le fer et le feu dans toutes les parties de la France.

Devenue plus calme et plus raisonnable sous le directoire, et
depuis subjuguée par le premier consul, qui la strangula avec
le cordon du despotisme, elle se vit pendant quinze ans obligée
de ramper en esclave dans les colonnes de l'impassible *Moniteur*, du monarchique *Journal de l'Empire* et de l'insignifiant
*Journal de Paris*. Mais après la chute de l'empereur, la res-
tauration, par son instinct de haine contre celui qui l'a-
vait si long-temps combattue et repoussée, ouvrit un champ
sans limites aux publications quotidiennes. A la suite de la
charte devait naturellement marcher le journalisme, qua-
trième et formidable puissance, destinée à maintenir l'é-
quilibre entre les trois pouvoirs de l'état. Seulement, pour
contre-balancer la force du redoutable ennemi qu'ils se créaient,
les chefs de l'état laissèrent subsister la censure, qui devait ré-
fréner le coursier trop fougueux, toutes les fois qu'il s'écarte-
rait des bornes d'une polémique tout-à-fait excentrique. Ils
l'établirent même tellement sévère, qu'en 1830, ayant essayé
de réduire la presse au mutisme, cette dernière fulmina contre
eux la révolution des trois jours, qui les renversa de leur trône.

Le 9 août consacra l'existence de notre nouveau gouvernement. Personne n'ignore la nuée de nouvelles gazettes que l'on
vit alors éclore : l'intérêt général fut, dans le principe, leur
oriflamme à toutes : directeurs, gérans, rédacteurs de journaux,
tous le prirent pour drapeau ; tous s'oublièrent, se réduisirent
à néant pour ne songer qu'à ce bon, qu'à ce généreux peuple,
auteur d'une des plus glorieuses commotions qui aient jamais
épouvanté le globe. « Venez, s'écriait la *Presse Périodique*,
» venez, braves citoyens, vous tous qui avez faim de vérités,
» venez publier vos besoins, vos réclamations, vos griefs. Éclairez-

» vous aux rayons qui jailliront de moi chaque jour ; je suis le
» soleil de civilisation , le phare de votre salut , l'étoile polaire
» de vos espérances. Parlez, écrivez sans crainte, consignez
» GRATIS dans mes colonnes les empiètemens qu'un pouvoir
» toujours arbitraire voudrait faire contre vos droits et vos
» franchises. »

O séduisant langage ! paroles de dictame et de miel ! quels
cœurs assez endurcis, quelles ames assez récalcitrantes ne se
seraient pas laissé prendre à ce sentiment d'abnégation, à cette
éloquence virginale, à cette glu patriotique ? Qui aurait pu
résister à l'avantage, au charme de se compter au nombre des
abonnés de journalistes aussi purs, aussi désintéressés ? L'arbre
de liberté n'était-il pas dans toute sa séve ? Sous son vivace et
verdoyant ombrage toute la population française ne trouvait-
elle pas un toit sûr et paisible ? Oui ; mais bientôt ses racines,
fertilisées par le sang de juillet, furent attaquées par le ver de
l'égoïsme ; ses feuilles se desséchèrent, elles jaunirent ; puis
l'arbre entièrement dépouillé s'échevela , puis à ses branches
nues se trouvèrent accrochés des lambeaux de bannières blan-
ches ou tricolores, autour desquels des milliers de druides
barbouillés d'encre dansèrent en rond comme les romantiques
autour du buste de Racine. Et ce fut le temps des impiétés politiques, des trahisons, des apostasies. Lutte incessante des
nouvelles ambitions contre des illustrations vieillies ou muti-
lées, soif inextinguible d'honneurs et de richesses, l'intérêt de
chacun substitué à l'intérêt de tous, tels furent, après divers
effets de fantasmagorie, de charlatanisme, de prestidigita-
tion, les principes adoptés, combattus ou reniés, selon le
vent, par les soi-disant apôtres de la prospérité univer-
selle. A la gibbosité de Mayeux, tour à tour effronté far-
ceur, patriote enragé, garde national indomptable, pour-
fendeur de gendarmes et de gardes du corps, à cette proémi-
nence, spirituelle mais peu généreuse allusion à la valeureuse
bonhomie populaire, noyée, au bout de huit jours, dans
l'océan des illusions, repêchée aux filets de l'éternelle aristo-

cratie, succéda le cynisme de Macaire et de Saint-Bertrand, O mordante et foudroyante allégorie de toutes les floueries issues des journées de juillet! l'un, type de l'homme adroit et fort, à qui tous moyens sont bons pour s'ouvrir une route à travers les immondices du siècle ; l'autre, modèle du pauvre diable, faible et béotien, se cramponnant à tous les vices pour échapper à la fourche de l'adversité prête à le lancer dans le tombereau de la misère.

Lors de l'avénement au trône du roi régnant, une lutte à outrance fut engagée entre les champions de toutes les causes anciennes, présentes ou futures. Elle fut tellement acharnée, tellement sanglante, que l'autorité fut obligée d'intervenir pour calmer la fureur des combattans : elle rendit les lois de septembre, qui imposèrent le sang-froid et la modération à toutes les parties belligérantes. Loin de nous l'idée d'approfondir l'esprit de ces lois, destructrices de tant de probabilités, de tant d'existences; nous n'aurons ni le courage ni la témérité d'oser frotter nos dents à cette lime gouvernementale. Notre culte pour le pouvoir est tel, que jamais nous ne porterons une main sacrilége sur ce palladium ministériel; que jamais nous ne prononcerons contre ses actes la moindre parole profane. Mais il faut bien le proclamer ici : attaquée dès lors dans ses intérêts les plus chers, dans ses plus douces affections, *la Presse*, de grandiose, de gigantesque qu'elle était, est devenue mesquine et rabougrie. Elle n'a pas même aujourd'hui l'honneur d'être comme la ville vénale de Jugurtha. Celle-ci du moins, le roi de Numidie s'avouait trop pauvre pour l'acheter; mais, par le temps qui court, on peut avoir bon marché de cette reine du monde ; elle tient au plus juste prix comptoir de demi-vérités ou de mensonges, à volonté.

On ne saurait se le dissimuler, le journaliste actuel a su tirer de sa position tout le parti qu'il pouvait en espérer. Il n'est pas de marchand qui sache mieux que lui piper la pratique, amorcer le chaland et vanter son sucre et sa canelle. Il a même laissé bien loin derrière lui les industriels de toutes les classes.

Admirez sa rouerie. Il a bien, comme l'épicier, comme l'entre-
preneur de diligences, le limonadier, le boucher, le boulanger,
comme tous les débitans généralement quelconques, le soin
d'annoncer le prix de ses denrées; mais il pousse envers vous
la générosité jusqu'au point de vous dire qu'il insère sans rétri-
bution tous les articles qui touchent directement l'intérêt
public. Vous, plein de confiance, mais pourtant doué d'assez
de prévoyance pour ne pas ajouter foi à cette dernière clause,
vous arrivez, écus en mains, bien entendu, solliciter une
insertion : vous voulez, par exemple, signaler au public le
détournement d'un million et demi fait par le sieur Benazet
au détriment des hospices et de la ville de Paris; vous avez
même, pour ne pas irriter certaines susceptibilités haut placées,
là vergogne d'intituler votre écrit : *Cadeau de 1,489,750 fr.
fait à l'ex-fermier des jeux par les hospices de la ville de
Paris;* vous vous présentez à *la Quotidienne*, à *la Gazette de
France*, organes de la légitimité, amies chaudes et passionnées
des libertés nationales, aux *Débats*, interprètes des intentions
monarchiques et ministérielles, au *National* enfin, dont le
cœur ne bat que pour la sainte cause du peuple; vous y allez,
chapeau bas, voix humble et soumise, mais surtout bourse
pleine et béante. Pour le coup, vous croyez votre affaire faite.
Pauvre niais ! vous comptiez sans votre hôte, par la raison bien
simple et bien concluante que vous n'offrez que 25 ou 30 fr.
pour que l'on parle, tandis que le sieur Benazet en donne
peut-être 100 ou 200 pour que l'on se taise.

Voilà où nous en sommes; mais ce n'est pas d'aujourd'hui
que la rapacité journalistique a, pour la première fois, fait
jaillir du roc si dur de l'intérêt personnel, cette source féconde
d'abonnemens et d'annonces qui vient journellement réfrigérer
ses entrailles haletantes. Sans compter le vénérable abbé Geof-
froy, qui, mieux que personne, connut l'art de faire venir
l'eau au moulin, et dont le feuilleton devint pour lui une
mine inépuisable d'or, de candélabres, de pendules, d'ameu-
blemens de toute espèce, n'avons-nous pas vu, à une époque

plus rapprochée, un autre industriel de bien plus bas étage, un folliculaire infâme tenir marché public d'articles contre les auteurs, directeurs et artistes dramatiques qu'il avait choisis pour cibles de ses traits acérés? Qui n'a pas connu Charles Maurice Descombes, dont la plume vénale s'est jouée de tant d'acteurs et d'actrices de mérite, qui n'avaient que le tort de ne pas être abonnés à son sale et ignoble journal? Qui n'a pas su apprécier à sa juste valeur cet homme ou plutôt cette fouine littéraire abusant de la pusillanimité de ses victimes, et se constituant, au prix de leur désespoir et de leurs sacrifices, une fortune de 20,000 livres de rentes? Et, depuis lui, que de gens n'ont pas suivi son exemple? combien ne se sont pas empressés de lancer leurs coursiers affamés dans la carrière de l'opprobre, de les désaltérer à la sentine du déshonneur et de la vénalité? Ce qui ne semblait d'abord qu'une anomalie est devenu règle de conduite, toute simple, toute légale, règle écrite en caractères d'or sur les pannonceaux de bureau et caisse; et Charles Maurice Descombes compte encore des souscripteurs, à la honte de tous ceux qui sont assez dupes pour le croire, et assez faibles pour le craindre (1).

Et cependant que devrait être un journal? L'arme ou plutôt

---

(1) Après 1830, pour un acte de simple humanité que le dernier des citoyens eût rempli comme lui, le sieur Charles Maurice Descombes, dans une brochure *inqualifiable*, a osé demander la croix d'honneur ! On ne pouvait s'attendre à moins de la part d'un publiciste aussi éminemment distingué. Il réclamait la décoration, pour prix des importans services qu'il s'était rendus dans l'intérêt de son œuvre d'ordures. Quoi qu'il en soit, il obtint audience du roi; il exposa l'objet de sa demande. Sa Majesté, éclairée à l'avance sur les honorables antécédens du particulier, lui tourna les talons, dans l'intention sans doute de le créer commandeur de l'ordre de Montfaucon; c'est un crachat de nouvelle classe et la nouveauté n'est pas sans attraits. A cette occasion, le sieur Maurice Descombes a publié avoir éprouvé dans la jambe un mouvement tellement convulsif que la crainte seule lui imposa le respect. Quel front dans un jongleur qui devrait toujours avoir la puce à l'oreille !

le bouclier du pauvre comme celui du riche, la machine élec-
trique communiquant l'étincelle d'un bout du globe à l'autre,
le canon d'alarme ou celui d'allégresse, proclamant d'échos en
échos le deuil ou le triomphe. Leur nationale et sainte mis-
sion, si les journalistes la remplissaient, ils feraient plus qu'un
acte de justice, ils accompliraient une œuvre de vertu. Quelle
jouissance pour le citoyen probe et vraiment patriote de trouver, à son réveil, constatés dans la gazette de son choix le
rendu-compte exact et impartial des actes du gouvernement,
la diplomatie réduite à sa plus simple expression, le récit vrai
des faits politiques, civils ou judiciaires, l'examen conscien-
cieux des œuvres littéraires et artistiques! Loin de là, que
lit-il le plus souvent? des nouvelles controuvées, des avis faux,
des opinions ou des jugemens plus faux encore; du machiavé-
lisme en colonnes, de la rouerie omnicolore en commandite.
En effet, au milieu de tant de feuilles que, chaque matin, de
pauvres hères, pour éviter les horreurs de la mendicité, vont
glisser dès l'aurore dans les boîtes des cafés ou sous les portes-
cochères de nos Crésus, quelle est celle qui, pure de toute idée
trop rétrograde ou trop avancée, de toute passion, de toute
irréalisable utopie; qui, rayonnante de nationalité, brûlante de
patriotisme, prend son essor pour répandre la lumière du jour
sur les ténèbres de la veille?

Pauvres compositeurs, qui, pour vivre, alignez des milliers
de caractères en plomb sur des milliers de manuscrits du même
métal; vous, ouvriers, dont les bras doivent ignorer la fatigue
et les yeux oublier le sommeil, pour vous nourrir vous et les
vôtres; vous tous, ressorts indispensables de la presse, oh! non,
ce n'est pas de cœur que vous consentez à métalliser le men-
songe, à donner de la vie aux turpitudes et aux ignominies!
Aussi n'est-ce pas à vous que je m'adresse! la faim vous cloue
à ces ateliers de déceptions! vous n'êtes que les rails vivans de
cette locomotive qui, quotidiennement, colporte les caprices
et les bavardages d'une reine consentant à devenir esclave ou
courtisane, selon que l'une ou l'autre de ces conditions lui

semble plus lucrative. Qui donc forge ses fers? qui donc solde le prix de ses faveurs? quelle est cette providence occulte? Ne sauriez-vous donc me le dire, ô vous tous qui travaillez dans les arsenaux de la presse ! Eh bien ! c'est la corruption émaillée de promesses, étincelante de séductions, chargée d'gripeaux, certaine de la victoire avant même de livrer ou d'accepter le combat.

Je ne citerai pas le nombre des victimes asphyxiées par l'haleine de ce boa doré. Leur mort a fait verser des larmes au patriotisme, et le courage et le dévouement se sont écriés : Eh quoi ! la réalité n'est-elle donc qu'un fantôme? eh quoi ! dans cette France si grande, si forte, si auditive, tous seront donc petits, tous faibles, tous également sourds à la voix-de la vérité? Et moi, je m'écrierai à mon tour, dans toute la chaleur de mon indignation : J'ai voulu faire le bien en éclairant le public sur une horrible dilapidation commise par l'ex-fermier des jeux; j'ai engagé MM. les journalistes à donner de la publicité à mon opuscule; mais puisque, même en payant et en me conformant à leur tarif, je n'ai pu obtenir d'eux une simple réclame dans leurs colonnes; puisqu'on ne trouve même pas chez eux, comme chez certains médecins, de consultations gratuites; puisque je suis bien convaincu de l'efficacité de leur silence à l'égard de ma brochure; puisqu'enfin ils ne sont plus que des claqueurs patentés, que des cymbales retentissantes et que les crieurs gagés des seuls ouvrages qui leur plaisent ou de ceux qui les rétribuent plus largement que moi, je proclamerai leur honte, je dévoilerai leurs petitesses et tous les ambages de leur tortueuse ambition. Ils auront beau me dire : « Mais, monsieur, vous en parlez bien à votre aise; à vous, » auteur, à vous libre de tout publier; vous n'avez rien à faire » au fisc qui nous ruine en amendes et en confiscations; pour » vous ni responsabilité, ni droits de timbre, ni rédacteurs, » ni employés, ni porteurs à payer. » Moi, je leur répondrai : « Ma brochure n'est nullement politique; elle n'attaque ni » le roi, ni ses ministres, ni les actes de son gouvernement.

» Je ne fais que signaler l'existence d'un vol patent, ainsi que
» pourraient le faire les Tribunaux et le Droit, si l'affaire eût
» été mise en cause. Du moment que vous me refusez l'an-
» nonce, même à prix d'argent, vous êtes de connivence avec
» celui que j'accuse, non point pour avoir participé au vol,
» mais pour vous être abstenus de le faire connaître. Vous êtes
» les receleurs de la vérité; mais elle se fera jour malgré vous,
» et la France vous reniera pour ses organes, parce que vous
» avez manqué à votre serment de jurés, parce que la cupidité
» étouffe chez vous tout sentiment de franchise et de loyauté. »
Vous ajoutez : « Les jeux n'existent plus ; le conseil municipal
» et la chambre des représentans de la nation ont prononcé ;
» pourquoi réveiller une chose morte? Votre écrit n'intéresse
» pas les masses, c'est une œuvre de vengeance, de personna-
» lité, de calcul; d'ailleurs les lois de septembre ne sont-elles
» pas encore dans toute leur vigueur ? »

D'après des raisonnemens aussi péremptoires, il est donc bien
constant que toutes les fraudes de l'ex-fermier des jeux, toutes
ses infractions au cahier des charges, tous ses vols, en un mot,
sont des enfantillages, de véritables riens, ou tout au plus de
simples peccadilles, ne méritant pas un examen sérieux; il est
définitivement arrêté que le million et demi qu'il a détourné
lui est bien légitimement acquis. Cependant, en matière cri-
minelle, on n'est ni aussi indulgent, ni aussi expéditif. On
cherche, on fouille, on scrute. Un voleur s'est emparé avec
effraction d'une somme de 6 francs : le fait est judiciairement
établi. La loi le condamne à cinq ou dix ans de galère; s'il est
contumace, il est sous le coup de sa condamnation, et au bout
de dix et même de vingt ans, si on le retrouve, il faudra qu'il
subisse sa peine, parce que le crime a été prouvé. On découvre
un assassin, un meurtrier, un empoisonneur, après le même
laps de temps, et le glaive de la justice s'appesantit sur sa tête
coupable : pour constater le forfait, on ne respecte plus la paix
du tombeau, on exhume sa victime, on interroge ses ossemens,
on va chercher jusque dans les moindres cavités de son sque-

lette les indices du meurtre ou du poison. Pourquoi ? Parce que la justice doit avoir son cours. Et alors le peuple l'approuve et la bénit ; il parle haut... rien ne l'intimide ; et l'application de la peine, d'accord avec la conscience de l'accusateur public, des juges et des jurés, ne vient pas, même par sa sanglante sévérité, troubler le sommeil de l'homme juste.

Si M. Tesnières, rapporteur de ma pétition, avait dit à la chambre : Messieurs, d'après un procès-verbal attestant le trafic de l'or, le fermier des jeux a été pardonné, pour la première fois, par M. le préfet ; un second procès-verbal est venu constater la *récidive* ; M. le préfet a condamné alors le délinquant à restituer simplement, tandis que l'article 22 du cahier des charges dit formellement : « *En cas de fraude reconnue, le* » *fermier sera passible du paiement d'une somme de six mille* » *francs au profit des hospices, sans préjudice de la restitution* » *des fonds soustraits et de tous autres droits et actions de* » *l'autorité contre lui.* »

La loi punissant la *récidive* d'une peine plus forte, pourquoi M. le préfet n'a-t-il pas poussé plus loin les investigations ? car voilà bien sous ses yeux deux irrécusables témoins, sans en compter plus de cent qui sont prêts à parler, comme je l'ai déjà dit. Gros poissons aux brillantes écailles, vous tous de l'espèce de ceux qui volent, ne craignez plus que l'on coupe vos flexibles nageoires ; planez juste au milieu de l'humide atmosphère ; il y existe un nouveau gaz qui aveugle les ennemis des pêcheurs en eau trouble. Sa lumière vous sera propice, vous échapperez aux poursuites des plus habiles plongeurs et à tous les filets qui vous seront tendus par la justice et la vérité.

Pour terminer je me vois avec peine obligé de parler ici d'un fait que je m'étais bien promis d'ensevelir dans un éternel secret. L'injustice de MM. les journalistes me force de lui faire perdre une partie de son mérite : en le publiant je veux leur prouver que je n'ai pas exercé envers leurs confrères les mêmes rigueurs dont ils se montrent aujourd'hui si prodigues envers moi.

Un journaliste arrive à B....., dans une ville d'Allemagne que j'habitais. Il était accompagné de sa femme enceinte. Toutes ressources épuisées, après être restés quelques jours à l'hôtel, ils allèrent rendre au consul de France une visite ayant pour objet d'obtenir quelques renseignemens sur la manière dont ils devaient s'y prendre pour donner un concert à leur bénéfice. M. le consul leur répondit : « Nous avons ici » M. Saint-Félix, ancien artiste ; il pourra mieux que moi vous » guider dans les démarches que vous avez à faire ; je vous en- » gage à le voir. » Tous deux vinrent chez moi et me confièrent l'embarras de leur position ; puis la conversation s'étant ani- mée, j'appris bientôt le nom de mon littérateur nomade, qui, attaché à la rédaction d'un journal à Paris, avait quitté la France pour se rendre en Russie. « Parbleu, lui dis-je, vous » m'avez bien maltraité dans vos feuilletons ! » Il se défendit contre le reproche que je lui adressais, alléguant qu'il ne ré- digeait pas seul les articles théâtres. « Je le conçois, répliquai- » je, mais vous n'en avez pas moins dit beaucoup de mal de » moi. » Puis, ayant été prendre dans mon cabinet le journal où se trouvait inséré l'article qui me concernait, je le lui mis sous les yeux ; mais, pour le tranquilliser, j'ajoutai : « Mon- » sieur, je ne vois plus devant moi l'homme qui a contribué à me » faire abandonner une carrière dans laquelle j'ai acquis quel- » que célébrité. Vous n'êtes désormais pour moi qu'un très- » aimable compatriote, battu par la mauvaise fortune ; je ne » négligerai rien pour vous tirer de ce pas difficile. »

Je tins parole. Pendant plus d'un mois que les deux époux restèrent dans la ville, ils dînèrent presque régulièrement chaque jour chez moi ; je fis annoncer leur concert ; mais une extinction de voix ayant subitement atteint la jeune femme, la soirée musicale ne put avoir lieu. Enfin une petite somme arrivée de Paris permit aux deux voyageurs de quitter l'hôtel où ils étaient retenus prisonniers, mais seulement après que, sur mes instances, ils eurent obtenu la moitié de la remise de ce qu'ils y devaient.

Un homme de lettres me disait hier qu'il n'aurait jamais pu

se résoudre à servir l'homme qui , sans raison , lui aurait fait du mal. « Dans de semblables occasions je le ferai toujours, lui répondis-je, fût-ce même Charles-Maurice Descombes lui-même. Tout ressentiment doit disparaître devant la sainte question de l'humanité.» Et cependant, quant à ce dernier, il existe un aiguillon de haine et d'inimitié qu'il m'a forcé de nourrir contre lui, par l'acharnement qu'il a mis à me poursuivre absent comme présent, sans que j'aie jamais en rien provoqué son implacable méchanceté. Dans le cas que j'ai cité, je n'ai fait que mon devoir ; si j'en eusse agi de même à l'égard de Charles-Maurice Descombes, j'aurais fait un acte de sainteté. Je pourrais relater d'autres traits où je me suis montré oublieux de justes griefs envers des ennemis bien injustes ; mais il me suffit d'avoir fait connaître mon caractère et mes principes à l'occasion d'un service que j'ai été assez heureux de rendre à l'un de vos collègues. J'étais loin de penser qu'un jour vous me contraindriez à m'en prévaloir. Moi j'ai fait de la philanthropie en action ; j'ai suivi le premier précepte de toute religion et de toute morale. Pour bien prêcher il faut prêcher d'exemple. Ce n'est pas assez de dire dans les colonnes de vos journaux : « Faites ceci , faites » cela ; » il faut ajouter : « nous l'avons fait , parce que c'était » bien ; puissions-nous trouver de nombreux imitateurs ! » Je sais bien qu'on ne peut pas ouvrir sa bourse à tout le monde, et que la page d'annonces est le tronc d'un journal ; mais pourquoi, plus exigeans que les prêtres, dont vous ne manquez jamais de satiriser les actes, pourquoi tarifez-vous le prix de vos insertions ? Pourquoi le riche seul peut-il arriver jusqu'à vous ? L'église au moins reçoit tous les dons, si minimes qu'ils puissent être ; elle accorde au pauvre les délices de la bienfaisance ; et vous , messieurs , vous lui refusez jusqu'à la ressource de vous prouver sa reconnaissance, en rejetant loin de vous le denier de la veuve. Vous vous montrez plus publicains que les plus célèbres de tous ceux qui portaient ce titre ; car, peu contens de marchander votre éloquence, vous faites payer votre silence au plus offrant et dernier enchérisseur.

Ne vous plaignez pas si je vous tiens ce langage : je vous ai suppliés, conjurés à plusieurs reprises d'annoncer mes deux premières brochures (1); je l'ai fait parce que je croyais encore à votre indépendance, à votre profession de foi ; aujourd'hui, entièrement désabusé par votre refus, qui n'a d'autre motif que mon obscurité , je prends sur moi le soin de vous arracher le bâillon d'or qui vous ferme la bouche, et de dire tout haut ce que tant d'autres se disent tout bas.

*Lettre adressée à quelques-uns de MM. les journalistes pour les prier d'annoncer ma brochure sous le titre de : Cadeau de 75,000 fr. de rente fait au sieur Bénazet par les hôpitaux, etc.*

Messieurs , votre position est tellement honorable, tellement avancée dans l'opinion , qu'il vous est plus qu'à tous autres facile de vous apercevoir , à mes démarches, à mes importunités, que je veux éviter un double scandale. En tout temps j'ai été l'ami de *la Presse* ; elle est pour moi l'arche sainte. Voudriez-vous aujourd'hui me faire renier mon culte, en refusant, même insertion payée, de donner connaissance, à la nation, des faits frauduleux que je signale et prouve dans ma brochure? Si je publie ce refus motivé par d'inqualifiables scrupules, quelle confiance espérez-vous inspirer au peuple dont vous vous dites l'organe? Ce peuple qui vous croit tout dévoué à ses intérêts, qui est prêt à répondre au premier appel, le fera-t-il quand il aura bien reconnu que vous l'avez trompé? Réfléchissez-y, messieurs, je ne suis pas l'homme d'Horace ; mais mon caractère

(1) *Zet-naz-bé*, ou les Jeux en action , drame fantastico-historique en cinq actes, par M. Saint-Félix. — *Cadeau de* 1,489,750 fr. *fait à l'ex-fermier des jeux de hasard*, par les hospices et la ville de Paris. Prix : 1 fr.; se trouvent chez tous les libraires du Palais-Royal.

n'a jamais transigé quand j'ai eu raison. Un écrit est tout prêt pour proclamer votre refus; votre silence sera mon guide.

Vos observations, toutes sages qu'elles ont été, ne détruisent en rien l'indifférence du député rapporteur qui a cru devoir ne passer que légèrement sur les malversations constatées dans mon opuscule, tandis que lui-même n'a pu s'empêcher d'admettre la vérité. Mais que m'importent à moi et le rapport de M. Tesnières, et l'ordre du jour, et la voix du *Moniteur* qui seul a parlé de ma pétition, pour donner sans doute plus de poids aux investigations de la commission? Tout cela ne dit pas que le délit n'est point réel, que les autorisations et les complaisances n'aient pas eu lieu. Voilà le point culminant.

J'en appelle, messieurs, à votre impartialité. Tout journal est un juré, contraint de prononcer selon sa conscience dans la grande et solennelle question de l'intérêt général. Dans l'incertitude il s'abstient; mais doit-il se taire quand il se trouve face à face avec l'indomptable vérité? Cependant, comme on ne lève jamais un arrêté de compte sans ajouter : Sauf erreur ou omission, les parties resteront en présence jusqu'à réglément de comptes définitif.

Veuillez donc, messieurs, insérer dans votre feuille l'annonce de l'écrit que j'ai eu l'honneur de vous remettre hier. D'avance remercîmens, reconnaissance, et gloire à vous, si, à mon exemple, vous ne craignez pas de poursuivre le dol et le vol en toute occasion, surtout dans une circonstance où l'un et l'autre sont tellement flagrans. Je suis avec respect et considération, messieurs. Votre très-humble.

5 mai 1838.

SAINT-FÉLIX.